# OBSERVATIONS

## SUR LA DÉPÊCHE

ÉCRITE LE 16 JANVIER 1797,

*Par M. PICKERING, Secrétaire d'État des États-Unis de l'Amérique,*

A M. PINKNEY, Miniſtre Plénipotentiaire des États-Unis près la République Françaiſe.

*PAR C. C. TANGUY DE LA BOISSIÈRE.*



A PHILADELPHIE,

Imprimé & ſe trouve chez MOREAU DE SAINT-MERY; Imprimeur-Libraire, au coin de Front & de Walnut ſtreets.

1797.

# OBSERVATIONS

## SUR LA DÉPÊCHE

### *De M. PICKERING à M. PINKNEY,*

Du 17 Janvier 1797.

UNE grande & sérieuse querelle existe aujourd'hui, entre la France & les États-Unis, & il est important à l'intérêt des deux Nations d'en éviter les suites funestes. Un des plus sûrs moyens d'y réussir est de connaître les fondemens des griefs qui forment le motif de cette querelle, & la meilleure méthode pour y parvenir, est, il me semble, de suivre la dernière dépêche du Ministre Pickering à M. Pinkney, dans les faits qu'elle annonce & les argumens qui les accompagnent : c'est l'objet que je me propose dans ces observations. Je m'efforcerai de m'y tenir dans la modération qui convient à une discussion d'un aussi grand intérêt, sans me refuser toutefois à toutes les vérités qni me paraîtront indispensables pour la rendre complete.

Je pourrais, sans sortir de ce plan, commencer par montrer quelque surprise de ce que cette longue pièce diplomatiqne qui peint la France sous des couleurs si noires & qui lui fait des reproches si amers & si acrement exprimés, est rendue publique. Je sais qu'on me répondra que ce n'est pas le gouvernement Américain qui l'a publiée. Que le Président voulant instruire le Congrès de tous les détails de cette intéressante affaire, a pensé devoir lui faire connaître toutes les pièces qui en dépendaient, & que les instructions de M. Pinkney en faisant partie (car on ne peut regarder cette dépêche que comme des instructions diplomatiques), il a cru qu'elles devaient être comprises dans cette communication, dont elle est réellement la base, & que ces pièces ont été imprimées par l'ordre des deux chambres. Mais il me resterait à demander, pourquoi dans les discussions qui ont eu lieu, il y a peu d'années, avec l'Angleterre, & dans des circonstances pareilles, la même marche n'a pas été suivie? Pourquoi n'a-t-il pas été jugé convenable de faire des communications entières au Congrès, dans l'affaire du traité avec l'Angleterre, qui sans doute en était aussi une grande pour l'intérêt du peuple Américain? De cette différence dans la marche, résulte l'évidence d'une différence totale, dans les dispositions du gouvernement des États-Unis envers les deux nations. Je crois sa disposition pour la France condamnable, injuſte, déraiſonnable, j'en crois l'expreſſion contraire à toute ſageſſe, à toute convenance politique, à tout moyen de négociation, à la dignité comme à l'intérêt de la nation qui la découvre; mais puiſqu'elle a cauſé une publication qui fait connaître les argumens du Conſeil Américain, ceux qui déſirent d'en rechercher la ſolidité, ne peuvent pas ſe plaindre de ſes effets.

Les trois principaux ſujets de plainte du Miniſtre Français contre les États-Unis, dit le Miniſtre Pickering, ſont: 1°. L'abandon du droit de neutralité au détriment de la France, en ne maintenant pas les prétendus principes des loix modernes des nations: *Que des bâtimens neutres neutraliſent les marchandiſes qu'ils tranſportent.* (That free ſhip makes free goods), & que les bois & les proviſions navales pour l'armement & l'équipement des vaiſſeaux, ne ſont pas contrebande de guerre. 2°. La violation des traités même dans leur lettre. 3°. La perte pour la France des avantages des traités précédemment exiſtant entr'elle & les États-Unis, par le nouveau traité de commerce & d'amitié, fait par les États-Unis avec l'Angleterre. Enfin le dommage qui peut réſulter pour les alliés de la France, de l'abandon fait par l'Amérique, des principes du nouveau droit des nations, que le vaiſſeau neutre, neutraliſe ſon chargement. (Free ſhip, make free goods).

M. Pickering prétend que ces plaintes ſont ſans fondement, & il argue, quant à la première, que par les anciennes loix des nations, les propriétés des ennemis ont de tout temps été prises sous pavillon neutre; que la France & les États-Unis dans leur traité de 1778, ont renoncé à ce principe ancien, que la France a dû alors en peser les conséquences; que l'Angleterre, dans le dernier traité de 1795, n'a pas voulu renoncer à cette loi ancienne; mais qu'elle n'a rien acquis à cet égard, par ce traité, puisqu'avant qu'il fut fait elle suivait ce principe, & qu'elle était déterminée à n'y pas renoncer.

M. Pickering argumente de même quant à l'article des farines, des munitions navales pour l'équipement des vaisseaux, que l'Angleterre a voulu ranger au nombre des articles de contrebande. Il ajoute, que l'Angleterre s'étant obligée à dédommager les Américains des articles de contrebande pris sur leurs vaisseaux, & qui seraient leurs propriétés, il y a plutôt pour les négocians de cette nation, encouragement qu'obstacle à risquer de faire arriver en France des articles même de contrebande. M. Pickering appuie ces argumens, de citations tirées de Wattel, Valin & de divers exemples puisés dans les traités de Russie, de Suède, de Dannemark &c., où la nature de la contrebande a varié selon les intérêts & les conventions des contractans.

Avant de suivre M. Pickering dans ses argumens, il me convient de reconnaître, comme une vérité incontestable, que les États-Unis étant une puissance indépendante, ils ont le droit de traiter avec toute nation quelconque, de comprendre dans leurs traités toutes les conventions qu'il leur plaît. Cette faculté eſt une conſéquence immédiate de leur indépendance, & la France a trop travaillé à cette indépendance, pour qu'elle puiſſe être raiſonnablement ſoupçonnée aujourd'hui de la méconnaître. Cette déclaration me diſpenſera, j'eſpère, de ſuivre M. Pickering dans ſes citations de Wattel, Valin, &c., qui ne ſont même pas des autorités, & qui, puſſent-elles jamais avoir ce caractère, feraient plus propres à la chicane du barreau, que conformes à la loyauté avec laquelle doivent traiter deux grandes nations, ſoit pour ſoutenir ou former des alliances, ſoit pour les rompre : mais les États-Unis auſſi indépendans qu'aucune autre nation, ont auſſi le devoir, autant qu'aucune autre, d'être fidèles aux conventions qu'ils ont ſouſcrites, à l'intention même qui a dicté ces conventions, & c'eſt fort de ces vérités que je reviens à la diſcuſſion de la réponſe de M. Pickering, au premier ſujet de plainte contenue dans la note du Miniſtre Français.

L'article dix-ſept du traité de commerce & d'amitié entre l'Angleterre & les États-Unis, qui prononce que les marchandiſes portées ſous pavillon neutre, n'en feront pas moins ſujettes à être priſes, ſi elles ſont propriétés de l'ennemi, eſt une attaque directe contre le commerce français, puiſqu'il livre les propriétés françaiſes naviguant ſous pavillon Américain, aux vaiſſeaux anglais qui voudront s'en emparer, tandis que le traité de Verſailles, portant la clauſe abſolument oppoſée, garantit les propriétés anglaiſes portées ſur vaiſſeau américain. Cette différence miſe par les États-Unis entre les intérêts des nations françaiſe & anglaiſe, peut-elle réellement paraître à qui que ce ſoit, la continuité des diſpoſitions d'amitié & d'alliance, qui avaient dicté le traité entre l'Amérique & la France? Cet article devient auſſi offenſant que nuiſible pour la France, quand elle conſidère qu'aucun autre traité fait par les États-Unis ne porte cette clauſe. Envain le Miniſtre Pickering, dit-il, dans ſa dernière réponſe au Miniſtre Français & dans ſa dépêche à M. Pinkney, que la France lors de ſon traité, a du peſer la force & l'intention de la convention, par laquelle elle a conſenti à reconnaître libres, les marchandiſes tranſportées par des vaiſſeaux neutres. Le Miniſtère Français pouvait-il à l'époque de ce traité, prévoir: 1°. Que cette convention de toute juſtice, de toute raiſon, que cette vérité d'intérêt général, ſi propre à adoucir les malheurs de la guerre, à ne les faire porter au moins que ſur les nations belligérantes, & ſi importante aux nations dont le commerce eſt la force & la reſſource principale, ſerait jamais abandonnée par les États-Unis? 2°. Qu'elle le ſerait par eux dans un traité d'amitié & de commerce avec l'Angleterre, qui ſerait alors en guerre avec la France? Il n'eſt que trop commun de voir la prévoyance en faute dans les tranſactions humaines, même les plus réfléchies; mais une telle prévoyance du gouvernement français, à l'époque du traité, eût été même déloyauté, & eût paru folle.

Qu'eſt-ce que l'ancienne loi des nations, dont s'appuie le Miniſtre Pickering, pour juſtifier cet article?

article ? La loi des nations n'a jamais été que dans l'opinion, & elle a varié comme elle. Où est le code des nations ? Où s'en lisent les articles & même les principes ? La loi des nations sauvages est aussi de brûler, de supplicier les prisonniers de guerre, & un article de traité avec les Indiens qui prononcerait cette convention, serait-il justifié, parce qu'elle serait montrée conforme à cette loi des nations ? Il semble que la loi des nations, si elle existait ailleurs que dans la volonté du plus fort, devrait se rapprocher de la justice, à mesure que les sociétés acquièrent plus en lumière & en civilisation ; mais ce n'est que dans la force qu'elle existe : c'est au moins la volonté du plus fort qui l'explique & la modifie à son avantage. C'est ainsi que l'Angleterre la voit, & veut continuer à la voir, dans le droit de prise de propriété ennemie, sur des bâtimens neutres.

Les États-Unis hors d'état de lutter avec l'Angleterre, ne pouvaient sans doute pas prétendre à faire renoncer cette puissance à cette manière d'interprêter le droit des gens, pas plus qu'ils ne pouvaient l'empêcher de prendre leurs vaisseaux & de presser leurs matelots. Souffrir ce qu'on blâme, mais ce qu'on ne peut empêcher, est malheureusement le sort commun de la faiblesse. Mais quand par un traité, les États-Unis admettent cette interprétation contraire à celle qu'ils ont constamment adoptée depuis qu'ils sont corps politique ; quand ils légalisent pour l'avenir, par une convention expresse, les torts dont six mois plutôt ils se plaignaient comme d'un abus de la force, ce n'eſt plus alors ſeulement de la faibleſſe: la faibleſſe endure, mais n'agit pas; dès qu'elle agit, elle devient volonté, & quand le réſultat en eſt de livrer à de nouveaux alliés la propriété de ſes anciens amis, peut-on s'étonner qu'on le caractériſe de violation manifeſte du traité? En vain le gouvernement qui s'en rend coupable, cherchera-t-il ſa juſtification dans les publiciſtes anciens & modernes; envain s'efforcera-t-il de la trouver dans les dédales de la chicane diplomatique: le jugement de la queſtion ſe trouvera dans le cœur de tous les hommes impartiaux & droits. C'eſt là qu'eſt irrévocablement le ſentiment du bien & du mal, & c'eſt à ce tribunal que j'en appelle.

M. Pickering cherche encore dans les citations de Vattel & dans quelques traités de nations étrangères, la réponſe aux plaintes faites par le Miniſtre Français, ſur l'article du traité qui rend les matières néceſſaires à la réparation & à la conſtruction des vaiſſeaux, objets de contrebande. Aucune loi générale, dit-il, n'exiſte, qui conſtate en détail quelles ſont ou non les matières de contrebande en tems de guerre. Les ſtipulations à cet égard ont varié dans différens traités, & les parties contractantes, ont le droit comme l'uſage de les definir: d'où il conclut, que la France n'eſt fondée à élever aucune plainte à cet égard. Mais quand la France, ancienne alliée de l'Amérique, eſt en guerre avec l'Angleterre, qu'elle a évidemment beſoin de proviſions navales, pour réparer & augmenter ſa marine, le gouvernement des États-Unis en reconnaiſſant dans un traité, le droit à l'Angleterre de saisir sur ses bâtimens les provisions navales destinées pour la France, ne montre-t-il pas une opposition volontaire, une opposition formelle à l'accroissement, à la réparation de la marine de cette dernière puissance alliée de l'Amérique? Et quand son traité existant avec la France ne comprend pas les provisions navales parmi les articles de contrebande, qu'ainsi elles peuvent être conduites en Angleterre sans courir le danger d'être prises, n'est-ce pas une préférence essentielle, manifestement donnée à l'Angleterre? N'est-ce pas même, (en oubliant en ce moment l'alliance avec la France), une violation de la neutralité?

M. Pickering voit, dans la clause par laquelle l'Angleterre s'oblige de payer aux négocians américains, le prix des matières de contrebande prises à bord de leurs vaisseaux, un encouragement pour eux de tenter de les porter en France. Et moi, je vois dans cette interprétation, la doctrine la plus immorale, la plus pernicieuse, qui puisse sortir de la plume d'un Ministre d'État; car c'est une autorisation positive donnée par lui aux négocians américains, de désobéir à la loi de leur pays, crime le plus grand dans un État policé, & sur-tout dans un État libre. D'ailleurs, il n'y a rien de vrai dans ce raisonnement, que l'immortalité du principe, & la violation du traité de la France reste toute entière dans la convention qui livre ses intérêts à son ennemi.

Je passe à l'article, où le Ministre Pickering

répond à celui de la note du Ministre Français, où il est dit que la négociation des États-Unis a *été enveloppée dès son origine des ombres du mystère, & couverte du voile de la dissimulation.* Le Ministre Pickering reproche au Ministre Français d'avoir dit dans sa note, que le Président dans son message au Sénat du 16 Avril, avait déclaré que M. Jay *était envoyé à Londres, seulement pour obtenir le redressement des torts dont l'Amérique se plaignait*; & en rétablissant le texte du message, il dit que les véritables paroles du Président, sont que *M. Jay avait pour instructions de revendiquer les droits des États-Unis avec fermeté, & de maintenir la paix avec sincérité.* Si cette citation littérale du texte du message est la réponse que le Ministre Pickering juge suffisante pour détruire l'opinion du Ministre français, que la négociation du traité a été dans son origine *enveloppée de mystère*, peu de personnes, je crois, penseront comme lui, & verront dans le texte qu'il rapporte, aucune annonce, même indirecte, d'un projet de traité d'amitié & de commerce avec l'Angleterre. Mais je ne vais pas plus loin sur cet article, & je conviens que le Sénat seul aurait droit de se plaindre de cette réticence, & que personne n'a celui de s'interférer dans les relations du chef de l'exécutif avec la législature.

Quant à la réponse du Ministre Pickering au reproche de dissimulation avec la France, que fait le Ministre français au gouvernement américain, je pourrai m'étendre un peu plus, sans inconvénient.

Le Ministre Pickering commence par soutenir que

l'Amérique eſt indépendante, qu'elle a été reconnue pour telle par la France ; il cite encore ( car ſa réponſe eſt riche en citations ), la déclaration faite par le marquis de Noailles à la Cour de Londres au nom de la France, dont il était alors Ambaſſadeur, où il dit que les *États-Unis ſont indépendans, que le Roi n'a exigé d'eux aucun avantage excluſif pour la nation Françaiſe, & qu'ils ſe ſont réſervés le droit de traiter avec les autres nations, ſur le même pied d'égalité & de réciprocité.* Et le Miniſtre Pickering conclut, que l'alliance des États-Unis avec la France ne les ayant pas rendus dépendans de cette puiſſance, ils peuvent traiter avec l'Angleterre ſans ſa permiſſion. Le Miniſtre Pickering a employé, ſans néceſſité, bien des lignes pour ſoutenir une vérité, que perſonne n'a le droit, ni le déſir de conteſter.

Mais indépendamment de la dépendance d'une nation à la volonté d'une autre, que l'on peut traduire par le mot plus approprié de ſoumiſſion, ou même de ſervitude, & qui ne peut jamais être la ſituation d'une nation libre, n'exiſte-t-il pas entre les nations une dépendance, ou ſi l'on veut, un devoir de procédés, que les différentes ſituations où elles ſont entr'elles, rendent plus fort & plus étendu ? N'eſt-ce pas en vertu de ce devoir de procédés que les nations alliées s'inſtruiſent généralement des négociations d'une certaine importance qu'elles entreprennent avec d'autres puiſſances ? Et cette eſpèce de devoir n'a-t-il pas quelque choſe de plus précis, quand la négociation peut par ſa nature, par ſon époque, effrayer la nation amie pour ses propres intérêts ? Ce devoir genéralement observé par les puissances alliées pourrait même être appellé la *Loi des nations* avec plus de titre, que le droit de prendre des propriétés ennemies à bord des bâtimens neutres. Il est fondé sur l'intérêt comme sur la convenance réciproque entre nations amies ; & c'est à ce titre que la nation française peut reprocher aux États-Unis sa dissimulation dans sa négociation avec l'Angleterre, alors en guerre avec la France, & il est difficile que ce reproche semble exagéré.

M. Pickering dit que cette communication a été faite à la France dans toute l'étendue que *la candeur& la sincérité le demandaient, en l'informant officiellement que M. Jay avait dans ses instructions de ne point altérer les anciens engagemens de l'Amérique avec elle.* Mais si les avantages qu'avait la France par son traité avec l'Amérique se sont évanouis par le traité de l'Angleterre : si l'Amérique consent à des conditions désavantageuses, ruineuses pour la France : & si de fait, l'Angleterre devient par ce traité, la nation la plus favorisée par l'Amérique, ainsi que cela est indubitable par la faculté qui lui est passée comme un droit, de prendre les propriétés françaises sur les bâtimens américains, & par l'article qui augmente la liste de matières de contrebande, de celles les plus essentielles à la France, où sont donc cette candeur & cette amitié ? M. Jay, dit le Ministre Pickering, a été fidèle à ses instructions, en insérant dans le 25eme. article du dernier traîté, la ſtipulation implicite que rien de ce qui y était contenu ne *détruiſait & n'altérait les traités publics précédemment faits, & aujourd'hui exiſtant avec les autres ſouverains & puiſſances.* Mais ſi ce traité agit évidemment contre les intérêts de la France, cette ſtipulation eſt-elle autre choſe qu'une déception?

Débaraſſons nous de la controverſe chicanière des avocats diplomatiques, & examinons cette queſtion avec ſimplicité & bonne foi. Quand une nation fait déclarer à ſon alliée que dans la négociation qu'elle entreprend avec une autre puiſſance, elle ne ſe départira pas des engagemens précédemment contractés avec elle, peut-on, doit-on entendre cette déclaration autrement que comme une aſſurance, que la ſituation de ſon alliée, après la nouvelle négociation reſtera la même qu'elle était avant qu'il en fut queſtion; qu'elle ne perdra rien de ſes avantages précédens, qu'elle ne ſouffrira en rien dans ſes intérêts par cette négociation nouvelle? La candeur peut-elle donner un autre ſens à cette déclaration? Car ſi le gouvernement qui fait cette déclaration n'entendait par elle que le projet de ne point altérer la lettre d'aucun des articles contenus dans les traités antécédemment faits avec ſon ami, ſans s'embaraſſer des conſéquences défavorables à cet ami, qui pourront réſulter de la conſervation machinale de l'énoncé des traités précédens, il ne pourrait pas donner cette déclaration comme l'accompliſſement d'un devoir d'amitié & de ſincérité, puiſqu'il ſe réſerverait dans ſa penſée la faculté de nuire aux intérêts de ſon ami. Cette déclaration ainſi entendue, conſtaterait déjà, dans l'alliée qui la ferait, une diſpoſition de mauvaiſe intention, de malveillance : peut-être de profonde fineſſe, mais ſûrement pas de ſincérité. Ce n'eſt donc pas ce genre de déclaration que la France a pu ſoupçonner le gouvernement des États-Unis de lui faire, lorſqu'il lui annonçait qu'il envoyait en Angleterre *pour revendiquer ſes droits offenſés*, & *pour tâcher, en en obtenant le redreſſement, d'éviter la guerre.* Cependant ce traité nuit évidemment aux intérêts de la France. La renonciation faite par l'Amérique de porter des vivres, des munitions de guerre, des bois de conſtruction, à toute puiſſance en guerre avec l'Angleterre, la prive de reſſources eſſentielles : comme le droit reconnu à l'Angleterre de prendre les propriétés ennemies ſous pavillon Américain, livre à cette puiſſance le commerce de la France. L'admiſſion des vaiſſeaux de guerre anglais & de leurs priſes dans les ports américains, aſſimile à cet égard l'Angleterre à la France, accroit par conſéquent les dangers de la guerre pour celle-ci, qui ſeule par le traité de 1778, avait l'avantage de cette admiſſion. Tous ces faits, tous ces réſultats ſont certains ; ils ne peuvent être niés par qui que ce ſoit. Sont-ils les conſéquences qu'on devait attendre de la déclaration faite à la France par le gouvernement américain, ſous les couleurs de l'amitié & de la ſincérité ? Et ces réſultats ne deviennent-ils pas plus ruineux & plus offenſans pour la France, quand le traité qui l'opère eſt fait au moment où elle eſt en en guerre avec l'Angleterre, assaillie par plusieurs autres puissances, a le besoin le plus éminent des ressources dont il la prive. Le traité ainsi conçu & fait à cette époque, n'est-il pas une complicité prononcée, au désir qu'exprimait hautement l'Angleterre d'affamer la France, de ruiner son commerce, sa marine, de lui nuire par tous les moyens? Ceci n'est pas une déclamation d'avocat, une interprétation artificieusement faite de mots ou de phrases, une conséquence artificieusement déduite de quelques passages de publicistes : c'est un énoncé clair, simple, positif des faits dont je soumets le jugement à tout esprit sage & impartial, à quelque pays qu'il appartienne.

Je ne suivrai pas le Ministre Pickering dans ses réponses aux plaintes faites par le Ministre Français au sujet des proclamations, des ordres donnés aux officiers de la douane, des entraves de toute nature mises à l'admission des prises françaises dans les ports américains, aux décisions contraires au traité qui ont eu lieu, à la faveur donnée aux armemens de corsaires Anglais, &c; ce serait un plaidoyer sans fin comme sans utilité. Je pense que l'on trouvera dans les réponses du Ministre Pickering, dans la manière même dont il rend compte des différens faits qui ont donné lieu à ces plaintes, la preuve qu'elles ne sont pas sans fondement. Ces faits ne sont d'ailleurs que la conséquence des principes, par lesquels le gouvernement des États-Unis a fait son traité avec l'Angleterre, de la préférence qu'il a voulu manifestement lui donner au détriment de la France. Ainsi quelques-uns de ces faits présentés par le Ministre de France manquassent-ils d'exactitude, ou fussent-ils susceptibles d'une interprétation différente de celle qu'il leur donne, la question ne change pas de nature. La France est-elle mise par les États-Unis, & par leur traité avec l'Angleterre, dans une situation plus défavorable qu'elle n'était avant le traité : la question est toute là.

Le Ministre Pickering semble s'étonner que la France mette au nombre de ses griefs contre le traité anglais, le tort qui peut en résulter pour ses alliés. Il est simple peut-être, que le Sécrétaire d'État du gouvernement des États-Unis montre une telle surprise, & qu'il ignore que toutes les puissances ont toujours mis le soin des intérêts de leurs alliés, au rang de leurs premiers devoirs. Avec un peu plus de connaissance du monde & des affaires, M. Pickering saurait même que la fidélité aux alliés, conséquence naturelle de la loyauté, est encore le résultat d'un calcul bien entendu.

Aux reproches faits par le Ministre français au gouvernement des États-Unis, d'avoir agité s'il ne recevrait pas un envoyé des princes français proscrits, le Ministre Pickering eût pu peut-être, en maintenant la dignité de son gouvernement, répondre qu'un État ne doit à ses alliés compte que de ses actes, & non de ses pensées, quand elles n'ont été suivies d'aucun effet; mais il n'aurait pas trouvé dans cette réponse simple & digne, l'occasion d'attaquer la France dans l'opinion du peuple Américain, & c'est une tâche qui lui eſt chère. On aurait pu difficilement ſuppoſer qu'il en eût cherché les moyens dans la reconnaiſſance faite par la France en 1778, de l'indépendance des États-Unis. C'eſt cependant là encore qu'il dit les trouver.

Juſqu'ici les écrivains du parti, établiſſaient en principe, que la reconnaiſſance nationale eſt une chimère; que l'Amérique n'avait aucune obligation à la France des ſecours qu'elle en avait reçus, parce que celle-ci n'avait eu en vue que ſon intérêt perſonnel; ils imprimaient auſſi que, ſi quelque ſentiment de gratitude pour les puiſſans ſecours donnés par la France, & qu'il eſt difficile de nier abſolument, pouvait être éprouvé par les Américains, c'était vers la mémoire du dernier roi qu'elle devait ſe porter, puiſqu'alors il était ſouverain abſolu dans ſon royaume, & non vers la Nation françaiſe, qui n'était que paſſive. Ils voulaient oublier, ou peut-être ils ignoraient, que l'opinion publique était alors en France plus puiſſante que la ſouveraineté du Monarque; que celui-ci, dans ſa toute-puiſſance, n'eût oſé la braver, & particulièrement dans une circonſtance auſſi importante; que la trouvant analogue à la ſienne, il n'a fait que la ſuivre. Ces écrivains ſemblaient ne pas ſe ſouvenir que c'eſt le ſang & les tréſors français, qui ont été répandus pour cette grande & belle cauſe, que tous les cœurs français embraſſaient avec ardeur; mais il fallait dépopulariſer la Nation françaiſe parmi le peuple américain, & pour remplir une auſſi précieuſe tâche, la vérité & même la vraiſemblance, ne ſont pas plus reſpectables que la délicateſſe. Aujourd'hui le gouvernement américain, par ſon Miniſtre Pickering, attaque le Roi & ſon Miniſtère, qu'il avait ordonné à ſes employés de reſpecter juſqu'ici. Voyons les griefs qu'on leur reproche, & les motifs ſur leſquels on les fonde.

Le Roi dans la part qu'il a priſe à la guerre d'Amérique, n'a eu en vue que de diminuer la puiſſance & les reſſources navales de l'Angleterre, & cependant il ne s'eſt déclaré que quand la perte de l'armée de Burgoyne a démontré à l'Angleterre l'impoſſibilité de pouvoir reconquérir ſes colonies; d'où il réſulte en bonne logique, que la France n'a donné à l'indépendance de l'Amérique que des ſecours tardifs, que des ſecours dont elle pouvait ſe paſſer. Les preuves en ſont évidemment, au dire du ſecrétaire d'État, dans les obſervations faites par la Cour de France, au mémoire publié par la Cour de St-James, pour juſtifier la guerre qu'elle déclarait à la France pour ſon traité d'alliance & de commerce avec les États-Unis.

Il y a quelque choſe de dégoûtant pour celui qui écrit avec bonne foi, de s'employer à repouſſer des inculpations qu'il ſait ne pouvoir pas être faites avec ſincérité : car s'il les croyait ſincères, il devrait croire auſſi celui qui les rédige, entièrement dépourvu des plus légères notions des procédés de la politique, & de l'hiſtoire même de ſon propre pays. Mais enfin elles ſont écrites par le Miniſtre Pickering; il faut donc paſſer par-deſſus le dégoût, & y répondre; ce ſera auſſi brièvement que poſſible.

Que le Roi, en prenant part à la guerre d'Amérique, ait eu en vue de diminuer les forces de l'Angleterre rivale de la France, rien n'eſt plus probable, rien n'eſt plus naturel dans l'ordre commun des déterminations politiques. Les actes, je ne dis pas ſeulement des nations, mais des particuliers, où la conſidération des intérêts perſonnels n'eſt pas conſultée, ne ſont pas communs. Les États-Unis pouvaient-ils croire, que ſi la France eût vu ſes intérêts oppoſés à la ſecourir, elle s'y fut prêtée? N'ont-ils pas dépêché à la Cour de France des envoyés, pour chercher à la convaincre que leur ſéparation d'avec l'Angleterre était ſon véritable intérêt, & pour appuyer ſur cette baſe, la demande, d'abord de ſecours, enſuite d'une alliance ouverte, dont ils ſe reconnaiſſaient un beſoin ſi urgent? Les envoyés ſont arrivés en France en 1777. Si la Cour de France n'a conclu qu'en 1778 le traité d'alliance avec l'Amérique, n'eſt-il pas de notoriété publique, qu'elle l'avait long-tems avant cette époque ſecourue d'armes, d'argent, d'officiers. Ces officiers arrivaient comme volontaires, ils étaient envoyés par M. Dean, alors agent des États-Unis; mais ces officiers appartenaient à l'armée de France, à des corps diſtingués par leur inſtruction, & ſi preſque tous ſuivaient l'impulſion de leur ſentiment en venant ſervir la cauſe de la liberté américaine, peu d'entr'eux s'y ſeraient peut-être réſolus, s'ils n'avaient pas été ſûrs en revenant, de retrouver leurs grades & leurs places; enfin, c'était de fait des officiers envoyés par le Miniſtre de la guerre. Les armes étaient auſſi achétées à des négocians par l'agent d'Amérique ; achetées, c'eſt-à-dire qu'il promettait de les payer, mais les négocians étaient les hommes du Miniſtère, & les armes étaient tirées des arſenaux de la guerre ; les draps l'étaient des magaſins de la guerre ; l'argent avancé auſſi au compte du Congrès, ou de quelques autres États particuliers, ſortait du tréſor royal. Enfin, la frégate cédée à la Caroline du Sud, ſous le nom du P. de Luxembourg, était achetée, équipée, armée aux dépens du Roi, ainſi que le conſtatent les réclamations du Miniſtre de la marine ( M. Le Maréchal de Caſtries ), au ſujet de la dette qui en eſt réſultée. Ma mémoire ne me fournit pas le ſouvenir des exemples multipliés où la France, ſans ſe montrer encore à découvert, a aidé puiſſamment la cauſe de l'Amérique, mais elle me rappelle bien fidellement le ſouvenir de toutes celles que je cite.

M. Pickering fait un reproche à la Cour de France de ne s'être déterminée à l'alliance avec les États-Unis qu'après la priſe de Burgoyne. Mais peu de tems avant cette époque, l'opinion du peuple américain ſur le fait de l'indépendance, était loin d'être uniforme. Beaucoup d'amis même de la liberté réſolus à obtenir le redreſſement des torts, étaient toutesfois diſpoſés à un accommodement, & un grand nombre de ceux qui ſe joignent aujourd'hui au gouvernement des États-Unis, pour reprocher à l'ancien gouvernement de France, de n'avoir pas pris aſſez tôt part à la querelle de l'Amérique, [réunis alors aux ennemis de celle-ci, brûlaient ſes villes, enlevaient ſes beſtiaux & ſes eſclaves, aidaient les ſauvages dans leur barbarie. La France a donc du attendre pour ſe déclarer ouvertement, un peu plus d'unanimité dans les opinions : en attendant cette unanimité, elle a aidé puiſſamment & conſtamment la cauſe américaine. Si le vœu de la France n'eût été que d'affaiblir l'Angleterre, & ſi en même tems ſa politique eût été machiavélique, elle eût continué à donner ſes ſecours ſous pavillon étranger, & ne ſe ſerait jamais déclarée. Il était aiſé de juger alors, qu'au point où en étaient venue les choſes, une réconciliation entre l'Angleterre & ſes colonies ne pouvait être de longue durée; & comme des troubles euſſent probablement agité l'Amérique long-tems encore ſans fixer ſon ſort, l'Angleterre aurait été entrainée dans des dépenſes, dans des armemens continuels, dans une longue guerre inteſtine, qui aurait toujours plutôt ou plus tard, fini par la perte de ſes colonies; par conſéquent par ſon affaibliſſement, qu'on ſuppoſe, avoir été alors l'objet de la France. Le Roi, en ſe conduiſant ainſi, eût évité le danger qui lui était préſenté dans ſon Conſeil ( choſe mémorable ), d'éveiller trop dans le peuple Français l'eſprit de liberté, en prenant ouvertement parti pour des colonies en guerre avec leur ſouverain. Mais le vœu du Roi & de ſon Conſeil, était comme celui de la Nation françaiſe, de ſervir franchement la cauſe américaine, qui leur ſemblait évidemment juſte; & ſi pour ſe déclarer il a attendu le moment où il put le faire avec plus d'efficacité, la malveillance seule peut lui en faire un reproche.

Après cet exposé simple des faits, il peut paraître inutile de combattre les preuves que M. Pickering croit trouver de son assertion dans les observations publiées par la Cour de France, dont j'ai déjà parlé. La plûpart des manifestes des puissances sont plutôt des déclamations étudiées, qu'un exposé fidèle des faits & des motifs. Aucune des puissances, ne veut se reconnaître l'aggresseur, & des raisonnemens à perte de vue sont employés par toutes, pour accuser les autres du premier tort. Personne ne croit à ces argumens politiques & dans l'idée que je me fais de ce que doit être la politique d'une grande nation, je suis loin d'approuver ce systême ; mais l'usage ne l'a pas moins adopté. Je ne dois donc dans le cas actuel raisonner que d'après lui, & tous ceux qui voudront raisonner juste, ne prendront pas une autre base. La Cour de France pouvait-elle avouer au monde entier, qu'elle avait excité & servi les colonies américaines, dans leur désir de secouer le joug de l'Angleterre ? Pouvait-elle donner à son traité avec ces colonies, à sa résolution de soutenir leur indépendance de toutes ses forces, d'autre motif que celui des attaques faites à son commerce par l'Angleterre, que la nécessité de chercher en conséquence, pour son propre avantage & pour le salut général de l'Europe, à diminuer les forces de cette puissance, qui exerçait le despotisme sur les mers ? C'était déjà beaucoup, dans les opinions d'alors,

pour

pour le Roi d'une monarchie absolue, de se déclarer pour la cause de la liberté. Sa déclaration de l'intention unique de soutenir l'insurrection de sujets contre leur souverain, eût eu alors peu de faveur dans toutes les Cours de l'Europe, & y eût fait paraître le cabinet de Versailles sous un mauvais jour. Il lui a donc fallu aussi, en argumentant en faveur de son traité avec ce nouveau peuple, dont il reconnaissait l'indépendance, dire qu'au moment où il se liait à lui, ce peuple était indépendant de fait, & que les forces de l'Angleterre ne pouvaient plus altérer cette indépendance. Le Roi de France pouvait-il reconnaître hautement le droit des nations, de se donner la forme de gouvernement qu'elles préfèrent ? Mais à côté de cette pièce écrite dans le style politique accoutumé, interrogeons les faits. La France a-t-elle ou non aidé l'Amérique, même avant la déclaration de son indépendance ? & si cette indépendance était réelle, incontestable, inaltérable, pourquoi les États-Unis lui ont-ils démandé si instamment des secours ? Ces secours enfin ont-ils été efficaces ou non ? Ont-ils abrégé sa querelle, ses dangers, ses malheurs ? ( car je ne prétends pas dire que sans eux, l'Amérique n'eût pas fini par triompher ). C'est à l'Amérique entière à juger, & je ne récuse à cet égard le jugement que de ceux dont l'esprit de parti peut avoir égaré l'opinion, ou effacé les souvenirs.

Que l'on ne voye pas si l'on veut dans ces souvenirs, des motifs de reconnaissance, à la bonne heure. Mais me trouvera-t-on trop exigeant, si je demande qu'au moins pour s'en exempter, on n'altère pas les faits, & que l'on ne cherche pas à transformer la loyauté & la bienveillance, en mauvaiſe intention & en perfidie.

Il me ſemble que cette courte explication répond ſuffiſamment à toutes les pages de citations tirées du mémoire de la Cour de France, que produit le Sécrétaire d'État Pickering. Il ne ſera cependant pas ſans utilité, peut-être, d'oppoſer au ſentiment de ce miniſtre, celui d'un de ſes compatriotes le Docteur Ramſey, auteur de l'hiſtoire de la révolution d'Amérique, hiſtoire écrite ſur les pièces originales dépoſées dans les archives du Congrès, & regardée comme la plus impartiale.

« Tandis que le Congrès employait avec vigueur „ les propres reſſources de l'Amérique contre l'An- „ gleterre, il ne négligeait pas celle bien importante „ des négociations. Depuis la déclaration de l'indé- „ pendance, les nouveaux États déſiraient ardemment „ l'alliance des puiſſances étrangères, & particuliè- „ rement de l'ancienne & puiſſante monarchie Fran- „ çaiſe. Je laiſſe à ceux qui écriront l'hiſtoire générale „ des affaires de l'Amérique, à rendre compte avec „ détail des raiſons qui retardèrent la ratification „ d'un traité, propoſé de bonne heure entre le „ Congrès & le Roi de France. Dans cet apperçu „ de la révolution, il me ſuffit de dire, que les „ commiſſaires des États-Unis ne pouvaient pas „ s'adreſſer à la Cour de France dans des circonſ- „ tances plus favorables. Le trône était occupé par

„ un Prince dans la fleur de ſon âge, animé du déſir
„ de rendre ſon regne glorieux ; & les moyens que
„ le Roi employait pour arriver à cette fin, étaient
„ la vertu, la juſtice, la fermeté & la modération.
„ Le Comte de Vergennes, Miniſtre fidèle du Mo-
„ narque, avait vieilli dans la carrière politique, &
„ était convaincu que les conquêtes ne ſont ni le
„ plus court, ni le plus ſûr moyen d'arriver à la
„ vraie grandeur. Il penſait que le Monarque, dont
„ le vœu eſt de rendre ſon règne illuſtre & de ſe
„ rendre l'arbitre des nations dont il eſt environné,
„ doit montrer une grande modération, ſe rendre le
„ protecteur du faible & de l'opprimé, ſans tirer
„ aucun avantage de leur ſituation „.

" Gouverné par ces principes, Louis XVI ſigna
„ le 6 Février 1778, un traité d'amitié, de com-
„ merce & d'alliance avec les commiſſaires améri-
„ cains envoyés à Paris, ſur le pied de la plus
„ parfaite égalité & réciprocité. Ainſi ce monarque
„ illuſtre, devint le garant de la ſouveraineté & de
„ l'indépendance des treize États-Unis de l'Améri-
„ que du Nord. Une alliance auſſi puiſſante, ajoutée
„ à la force naturelle de l'Amérique, allarma la
„ Grande-Bretagne, & la détermina à tenter une
„ nouvelle négociation pour recouvrer ſes anciennes
„ colonies. *(Hiſtory of American Revolution, 1ſt vol.*
„ *page* 177) „.

On pourrait, à cette citation de l'ouvrage d'un particulier, ajouter celle de tous les actes publics, ſoit du Congrès, ſoit de différens États, à la même époque, & rappeller enfin M. Pickering à l'opinion publique d'alors. Il reconnaîtrait, peut-être, que celle qu'il professe aujourd'hui est d'invention nouvelle. Mais que fait l'opinion de M. Pikering ? Et je pense qu'il est peu d'autres Citoyens des États-Unis à qui ces citations soient nécessaires.

A la suite de ces reproches faits à la Cour de France sur son intention dans son alliance avec les États-Unis, & sur son délai de se déclarer en leur faveur, le Ministre Pickering l'accuse de deux autres actes de perfidie. *Elle voulait empêcher l'Angleterre de traiter avec les États-Unis pour la paix, comme avec une Nation indépendante & sur un pied égal, & elle voulait que les Espagnols ne leur cédassent pas la propriété des territoires de l'Ouest & la navigation du Mississipi.* Toutes ces assertions ne sont appuyées d'aucune preuve, d'aucunes pièces qui puissent déterminer la croyance des hommes qui n'aiment pas à croire sans motif; ce sont des inculpations & des injures, & voilà tout. On pourrait même s'étonner que le Sécrétaire d'État d'une grande Nation se permît d'argumenter, sans plus d'autorité, dans une pièce politique destinée à être répandue. Mais ce défaut de logique s'explique aisément, 1°. par la malveillance qu'il est question de répandre en Amérique contre la France ancienne, présente, & même contre la France future; & 2°. par l'intérêt, qui est joint au premier, de montrer M. Jay comme le négociateur le plus fin, le plus habile, le plus ferme, comme l'homme par excellence, même aux dépens de la mémoire du Docteur Franklin, qui, d'après cette partie de la dépêche de M. Pickering, paraît n'avoir été qu'un *manequin* dans cette grande négociation, tandis qu'en Europe on l'en a toujours cru le reſſort principal. Si je voyais des apparences de preuve à l'appui de ces inculpations, j'y chercherais la vérité; mais il n'y en a pas ailleurs que dans l'opinion de M. Jay, dont ſans doute M. Pickering eſt l'organe fidelle; & comme on dit que le Gouverneur Jay voit la révolution françaiſe dans l'*Apocalypſe*, il eſt permis de craindre de s'égarer en ſuivant les écarts de ſon imagination.

Enfin, la dernière preuve fournie par le Miniſtre Pickering de la perfidie de la France, il la trouve dans les inſtructions données à M. Genet par le Conſeil exécutif du tems de Robeſpierre, & comme le Conſeil exécutif y dit: *que le Machiavéliſme influençait les opérations de l'ancien gouvernement dans la guerre de l'indépendance, & que la même duplicité régnait dans ſes négociations en tems de paix*, M. Pickering veut y montrer une preuve indubitable de la déloyauté de cet ancien gouvernement. Il faut s'être bien fortement commandé la modération, pour ne pas ſe livrer à l'indignation en mentionnant un tel paragraphe. Quel eſt le pays, même ſauvage, où les aſſertions d'un ennemi ſervent de preuve contre un accuſé? Si ce pays a jamais exiſté, c'était la France dans toutes les horreurs & tous les crimes des Tribunaux révolutionnaires de *Robespierre*, *Collot d'Herbois*, &c. Mais eût-on pu croire que cet infâme systême serait professé dans le cabinet du Secrétaire d'État des États-Unis ? Le Conseil exécutif était la tête du parti qui avait renversé la dernière Constitution, détrôné & condamné le Roi. Pouvait-il ne pas chercher dans les torts dont il chargerait l'ancien gouvernement, les motifs plausibles de sa conduite ? N'était-il pas de son intérêt de s'efforcer à le déshonnorer aux yeux du monde entier, particulièrement aux yeux de la nation qui avait professé le plus d'attachement pour ce prince ; & M. Pickering croyait-il à ce Conseil exécutif une morale capable de se refuser aux inventions qui servaient ses intérêts ? On est honteux d'avoir à toucher une telle matière, & il faut se hâter de la laisser ; non pas cependant sans faire remarquer que ce même Conseil exécutif, aujourd'hui cru en témoignage par M. Pickering, & dont la partie des instructions nécessaires à la malveillance actuelle est imprimée, en avait donné d'autres secrètes à M. Genet, qui, dans tous les points de sa conduite, généralement désapprouvée en Amérique, n'a pu agir par sa seule impression.

Ces faits ainsi exposés, M. Pickering se demande ce qui, d'après ces intentions & cette conduite de la France, a pu produire cet attachement des Américains pour les Français, qu'il voudrait bien pouvoir méconnaître : & il en trouve la raison dans les victoires que les deux armées ont remportées ensemble contre l'ennemi commun, & dans quelques affections particulières d'Américain à Français, que la nation Américaine a bien voulu ensuite étendre sur la nation Française, sans s'informer des motifs qui l'avait porté à se ranger de son côté. Sa générosité & sa justice ne peuvent lui en présenter d'autres. C'est aux Américains bons, justes & d'une mémoire fidelle, à approuver ou à désapprouver cette explication que le Ministre Pickering donne de leurs sentimens: eux seuls peuvent connaître de cette matière.

Je terminerai cet article par la citation d'une partie d'un morceau sur la reconnaissance nationale que j'ai lu il y a quelques semaines dans une gazette de New-York, & qui m'a frappé :

« Le second principe, dit l'Auteur, sur lequel „ s'appuye la nouvelle doctrine par laquelle on „ cherche à prouver aux Américains qu'il ne doit „ pas exister de reconnaissance nationale, est que „ les Nations, en se rendant service, n'ont que leur „ propre intérêt pour objet; qu'ainsi c'est seulement à elles-mêmes qu'elles cherchent alors à „ être utiles; d'où l'on conclut que l'intérêt de „ la Nation obligée n'ayant été pour rien dans „ l'intention de la Nation obligeante, la gratitude „ n'a aucun fondement & serait folie. La recherche dans les intentions des services rendus n'est „ pas d'invention nouvelle; dans tous les tems on „ a vu des hommes y trouver le pretexte d'oublier

„ les services qu'ils avaient reçus, & en jouir
„ sans souvenir. Dans tous les tems aussi on en a
„ trouvé qui ne voyaient dans le service que le
„ service même, & qui dans leur jouissance n'en
„ perdaient pas le souvenir. Dans tous le tems
„ enfin, il semble que l'opinion générale a été plus
„ favorable à cette dernière classe d'obligés; mais
„ allons plus loin.

„ Plusieurs Moralistes ont avancé que l'intérêt
„ personnel était le principe de toutes les actions,
„ même de tous les sentimens des hommes, de
„ tous jusqu'au dévouement de la tendresse pater-
„ nelle, de la piété filiale, de l'amour conjugal.
„ Que le besoin trouvé impérieusement dans le cœur
„ des hommes, d'agir de telle ou telle manière,
„ dans telle ou telle circonstance, détermine im-
„ périeusement toutes leurs actions, & qu'ainsi en
„ agissant avec le plus de générosité, ils ne font
„ qu'obéir à leurs sentimens, & par conséquent
„ que servir leurs intérêts. Cette proposition, toute
„ méthaphysique, fut-elle vraie, quel est le père,
„ quel est le mari, qui devant la vie de son en-
„ fant où de sa femme au dévouement d'un hom-
„ me qui les auraient sauvés des assassins ou du
„ feu, se croirait, se dirait exempt de recon-
„ naissance envers eux, parce que cet homme
„ en s'exposant au danger, n'aurait fait qu'o-
„ béir au sentiment de son cœur? Je vais plus
„ loin: un homme peu riche est attaqué dans la
„ possession de sa médiocre fortune, par un homme
opulent;

„ opulent ; ſa cauſe eſt évidemment juſte ; mais il
„ eſt dépourvu de moyens néceſſaires pour ſoutenir
„ un procès long & diſpendieux, & il eſt au mo-
„ ment de ſuccomber ſous l'oppreſſion & l'avidité
„ de ſon perſécuteur ; un troiſième homme inter-
„ vient, qui, l'aidant de ſes conſeils & de ſa
„ bourſe, lui donne les moyens de défendre ſon
„ droit, & il gagne ſa cauſe. Ira-t-il rechercher ſi
„ celui au ſecours duquel il doit le maintien de ſa
„ fortune, était l'ennemi invétéré de ſon agreſſeur,
„ & s'il trouve dans cette recherche un motif
„ d'oublier le bienfait, l'opinion des honnêtes
„ gens ne ſera-t-elle pas ſa condamnation ?

" Mais pour donner un exemple plus fait peut-être
„ pour être généralement ſenti dans les pays que
„ nous habitons : Les ſervices importans rendus à
„ l'Amérique par George Waſhington, ſont connus
„ de tout le monde : le courage, la ſageſſe, la
„ perſévérance avec leſquels il a combattu & ſur-
„ monté les obſtacles de toute nature pendant la
„ guerre de l'indépendance, ne ſont ignorés de per-
„ ſonne : ſon dévouement à ce qu'il croit l'intérêt
„ de ſon pays, ne peut être révoqué en doute,
„ même par ceux qui le croient ſuſceptible d'erreur
„ & l'expreſſion conſtante de la reconnaiſſance publi-
„ que, a été la conſéquence de cette opinion géné-
„ rale. Si aujourd'hui, qu'un grand nombre de ſes
„ ſervices ſont déjà anciens, ſes détracteurs, s'il en
„ a, recherchant le principe de ſes actions, n'y
„ voulaient trouver qu'ambition, qu'amour de gloire,

„ par conféquent qu'intérêt perfonnel, & tendiffent „ ainfi à dégager l'Amérique de la reconnaiffance „ qu'elle lui voue; leurs efforts ne feraient-ils pas „ fuivi de la cenfure publique, & les profeffeurs de „ la doctrine que je combats, ne crieraient-ils pas au „ blafphême? Cependant il n'eft queftion ici que de „ reconnaiffance purement nationale. (*Dayly Ad-* „ *vertifer*, 22 *November* 1796) „.

La citation de ce morceau paraîtra, peut-être, à quelques Lecteurs, étrangère à la difcuffion de la dépêche de M. Pickering. Quant à moi, l'opinion que j'ai eue que tous n'en jugeraient pas ainfi, m'a fait paffer par-deffus l'inconvénient de fa longueur.

Si quelques-uns des gouvernans de France ou de leurs Miniftres, ont exprimé le défir que l'Amérique confervât de la reconnaiffance pour la Nation françaife, je les blâme. Dans le cas même où il eft évident qu'elle eft due, il n'y a pas beaucoup plus de délicateffe à la demander, qu'à la contefter.

J'avouerai auffi, d'accord avec le Miniftre Pickering, que l'Amérique a dans le commencement de cette guerre, témoigné une bienveillance évidente à la France, en devançant par les rembourfemens des emprunts qu'elle avait reçus de cette puiffance, les époques où ils étaient rigoureufement dûs; en portant des fecours d'armes & d'argent à St-Domingue, en fecourant un grand nombre des malheureux habitans, échappés aux défaftres de cette île. Je dirai encore que les foufcriptions à cet effet ont été abondantes, foutenues; que l'humanité, la générofité des

Américains pour les Français souffrans, se sont manifestés par elles, d'un bout du Continent à l'autre.

Je suis loin de cette disposition, qui porte à méconnaître les bons procédés, ou à leur chercher un mauvais motif. Mais pourquoi cette bienveillance qui existe encore pour la France, dans la presque totalité du peuple américain, est-elle entièrement changée dans son gouvernement? Pourquoi favorable à la France, dans les temps où les crimes de ses gouvernans eussent pû lui servir de prétexte à s'en éloigner, lui est-il devenu contraire depuis que les principes de modération, de justice, d'ordre y sont rappellés, & qu'une constitution régulière & sage, assure leur durée? Pourquoi dans le même tems où l'Angleterre accablait l'Amérique de traitemens ruineux & outrageans, le gouvernement des États-Unis s'est-il rendu son complice, dans les moyens de destruction qu'elle préparait à la France, qui se montrait toujours son amie; de son désir de l'affamer, de ruiner son commerce? Et puisque malheureusement, dans la recherche de ces causes, il faut abandonner la morale & la fidélité aux anciens engagemens, quels calculs d'intérêt politique peuvent avoir guidé le gouvernement des États-Unis? Ce n'en peut être de profonds, car quelque sort que puisse avoir la contestation présente, son issue n'en sera pas, sans doute, avantageuse à la prospérité, à la tranquillité, à l'intérêt du Peuple américain.

Je sais qu'il est généralement cru dans toute l'Amérique, que le traité fait avec l'Angleterre par M. Jay, diffère beaucoup des inſtructions données à ce négociateur par le Préſident des États-Unis; que celui-ci dans ſon honneur national & dans ſa juſtice, a héſité long-tems à preſenter au Sénat cette pièce politique, & que ſa ſageſſe n'a admis le parti de l'accepter, que par la crainte d'entraîner l'Amérique dans une guerre avec l'Angleterre, qu'on lui préſentait alors comme inévitable. Je ſais que pluſieurs des plus zélés défenſeurs du traité, ont dit, tout en le défendant, qu'à la place de M. Jay, ils n'auraient jamais conſenti à le ſigner. Je ſais tout ce qu'on peut dire de la faibleſſe des États-Unis, de leur malheureuſe néceſſité de ſe départir quelquefois dans leur conduite politique, de la dignité, de la fermeté qu'ils aimeraient mieux conſerver; mais ces particularités ne font rien à l'état préſent des choſes: le traité avec l'Angleterre exiſte avec toutes ſes clauſes. Peut-il paraître étonnant que la France en reſſente le procédé, & ne ſerait-elle pas un objet de dériſion univerſelle, ſi elle ne le faiſait pas connaître ?

Si cette adhéſion de l'Amérique, au déſir qu'avait l'Angleterre, à l'époque du traité, de nuire à la France n'était pas, ainſi que quelques-uns le ſuppoſent, le ſeul effet de ſa faibleſſe, & qu'elle fut au contraire le réſultat d'un calcul bien ou mal entendu de ſes intérêts, ſans doute la liberté lui en ſerait encore entière, en matière de droit rigoureux, puiſqu'elle eſt un État indépendant; mais elle encourerait alors les conſéquences de ce calcul, comme dans la première ſuppoſition elle devrait s'attendre à encourir les conséquences de sa faiblesse : car dans les deux cas les faits sont les mêmes, nuisibles aux intérêts de la France, contraires aux intentions des traités précédemment faits, & la France est aussi un État indépendant.

Dans ces circonstances suivons sa conduite.

Tant qu'aucun traité nouveau n'a eu lieu entre les États-Unis & l'Angleterre, la France a dû supposer que la prise des vaisseaux américains, par les vaisseaux anglais, était un abus de force que les États-Unis n'avaient aucun moyen d'arrêter que par la tentative de quelques réclamations faites avec toute la prudence nécessaire à leur situation ; & quoiqu'elle souffrît réellement dans ses intérêts & par la perte de ses propriétés prises sous pavillon américain, & par la perte de la propriété de son alliée, & par l'enrichissement de son ennemi résultans de ces deux causes, elle a dû laisser aux réclamations de son alliée, toutes les chances pour obtenir le redressement des torts dont elle se plaignait, sans croire même possible de lui en faire un reproche. Mais quand le redressement de ces torts a été obtenu par l'Amérique au détriment de la France, lorsque l'Amérique a sanctionné de son consentement ces abus de force ; la France n'a pu se borner à voir dans cet acte un refroidissement dans l'alliance ; elle a dû y voir un abandon positif de ses intérêts.

Alors, que dit-elle à l'Amérique ? Empêchez que nos propriétés, auxquelles nous pensions trouver un sûr asile sous votre pavillon, ne ſoient violées par vos nouveaux amis, ou nous ne reſpecterons pas les ſiennes couvertes de votre pavillon, que nous avons eu ſi long-tems plaiſir à confondre avec le nôtre. Nous ſommes fâchés d'être réduits à cette néceſſité; mais nous y ſommes forcés par vous. Vous avez, par un nouveau traité avec nos ennemis, détruit nos avantages; vous avez renoncé aux vôtres même, pour livrer nos biens; ſoit volonté entière de votre part, ſoit faibleſſe, nous ſommes traités de fait par vous comme ennemis; nous ne vous en portons pas un auſſi grand reſſentiment que ſi votre volonté était une, & vos moyens puiſſans. Mais tirez-vous un moment de la queſtion, & ſuppoſez que nous recourons à votre avis dans un cas pareil où vous ne feriez pas intéreſſés; pourriez-vous nous conſeiller de reſter victimes paſſives de l'influence anglaiſe ſur les déciſions d'un gouvernement qui agirait contre nos intérêts & l'eſprit réel de nos traités?

Voilà la ſubſtance de la note de M. Adet, où plutôt de l'arrêté du Directoire exécutif qui en eſt le motif.

La France voulut-elle exercer perſonnellement une repréſaille contre l'Amérique pour le tort qu'elle en reçoit, elle eſt réellement dans la ſituation qui lui en donne le droit en toute juſtice: mais c'eſt contre l'Angleterre même qu'elle cherche ainſi à continuer la guerre. En prenant les propriétés anglaiſes ſous pavillon américain, ainſi que les ſiennes font prifes, elle rend d'abord à l'Angleterre le mal pareil à celui qu'elle en reçoit ; elle fait plus encore, car les trois quarts du commerce des ports de l'Amérique appartenant à l'Angleterre, ou fe faifant fur des fonds anglais, les bâtimens américains font réellement propriétés anglaifes, & l'Angleterre fouffre à elle feule plus des trois quarts de ce dommage ; mais l'appas fi cruel & malheureufement fi néceffaire de nuire puiffamment à fon ennemi, ne ferait pas une raifon qui pût motiver la conduite de la France & fa déviation de fon traité avec l'Amérique, fi l'Amérique n'avait pas de fait violé le traité la première. Si quelque tribunal fuprême pouvait connaître de cette queftion de violation de traité entre l'Amérique & la France, le gouvernement des États-Unis pourrait trouver des défenfeurs ; mais à coup sûr les *Jurys* donneraient leur opinion contre lui ; & l'on peut, à cet égard, en appeller avec fureté à la confcience intime d'un grand nombre de ceux qui, dans le Congrès, dans les affemblées des villes, &c. ont donné leur voix pour le traité ; & ils diraient que dans la funefte pofition où le négociateur Jay avait mis les affaires, ils ont voté pour éviter la guerre ; qu'après la ratification du traité, ils ont voté encore pour foutenir le gouvernement qu'ils croyaient dangereux d'abandonner, mais qu'ils ont toujours prévu des conféquences fâcheufes à ce traité, reconnaiffant clairement que l'Angleterre n'y avait aucun objet plus à cœur que celui de femer des germes de mécontentement entre la France & les États-Unis, que de rompre l'union des deux Nations.

Je ne puis comprendre dans la conduite de la France la saisie qui se fait aujourd'hui dans les Colonies françaises, des bâtimens américains, à quelques ports qu'ils soient destinés & de leurs cargaisons, sans estimation, sans payement, sans engagemens de payer : je ne chercherai pas à justifier un tel désordre, & je ne vois nulle part que le gouvernement de France ait, par aucune instruction, donné le moindre lieu à ces exactions injustes, cruelles, sauvages & aussi contraires par leur effet à l'intérêt de l'approvisionnement des Colonies, qu'à celui des propriétaires qui en sont la victime.

Le Ministre Pickering, en cherchant à donner raison de la demande qu'il avait faite au Ministre de France dans sa dernière réponse, d'une explication à l'arrêté du Directoire, dit entr'autres argumens, que cet arrêté déclarant que le pavillon français se conduirait avec les pavillons neutres, comme les pavillons neutres souffriraient que le pavillon anglais se conduisît avec eux, l'exécution de ces conditions destructives du commerce américain est laissée à la volonté des corsaires français qui, soit par leur éloignement de leur pays, soit par avidité particulière, ignoreraient ou feindraient d'ignorer la véritable détermination, la conduite véritable de l'Angleterre à cet égard. Mais si un accord était fait entre l'Amérique & l'Angleterre, par

par lequel le commerce de la France ne ſerait plus inquiété ſous le pavillon des États-Unis, les priſes ultérieures faites par les vaiſſeaux français, corſaires ou autres, ſeraient dans le cas de la reſtitution. Comme par tout traité de paix, toutes priſes de territoires, de propriétés faites dans les pays éloignés après les articles ſignés, ſont déclarées nulles & reſtituées. Cette queſtion ſe répond tellement d'elle-même, qu'il eſt difficile de penſer que le Miniſtre Pickering ait pu juger qu'elle rendait une explication néceſſaire.

Le Miniſtre Pickering fait, dans ſa dépêche à M. Pinkney & dans ſa précédente réponſe à M. Adet, un crime au Miniſtre Français d'avoir publié ſa note au Secrétaire d'État, en date du 27 Novembre dernier. Il a, dit-il, violé le droit des gens. En appeller au peuple des actes de ſon gouvernement, c'eſt tenter d'exciter une inſurrection : c'eſt la provoquer. Mais que les eſprits ſages, qui ne veulent prononcer que d'après la juſtice (car je ne prétends pas perſuader l'eſprit de parti) ; que les eſprits ſages dis-je, ſe mettent un moment dans la poſition d'un Miniſtre d'une nation étrangère, d'une nation alliée qui, dans les circonſtances les plus intéreſſantes pour la nation dont il eſt l'Envoyé, ne reçoit pendant pluſieurs mois, aucune réponſe du gouvernement du peuple près duquel il réſide ; qui fait qu'un parti puiſſant dans le pays, s'efforce par tous les moyens à égarer l'eſprit de ce peuple, contre ſa propre nation, à la repréſenter comme animée de vues hoſtiles, de deſſeins perfides ; peut-il ſans être coupable envers cette nation, dont les intérêts lui ſont confiés, laiſſer aliéner l'eſprit du peuple ami, par de fauſſes inculpations ? Si le Miniſtre Français eût rendu publiques les premières tentatives de négociations avec le gouvernement, il eût mérité ſans doute des reproches ; mais c'eſt après huit mois de ſilence de ce gouvernement, qu'il fait connaîrre, en imprimant ſa lettre, quelle a été ſa conduite, les vues de ſa nation, & les procédés du gouvernement envers lui. Un particulier peut oublier un tort, ou le dédaigner quand il lui eſt perſonnel ; mais un homme public, le repréſentant d'une nation offenſée, peut-il le paſſer ſous ſilence, quand il eſt convaincu que ſon ſilence rend plus grand le tort que l'on cherche à faire à ſa nation dans l'eſprit public ? Encore ſi la diſtance de ſa patrie lui permettait de s'adreſſer à ſon propre gouvernement, avant que le mal qu'il doit chercher à prévenir pût s'opérer, il pourrait alors, il devrait peut-être même prendre ce moyen. Mais quand pluſieurs mois entiers ne ſuffiſent pas pour recevoir les avis & les déterminations de ſon gouvernement, & qu'il craint avant cette époque, le ſuccès des intrigues ourdies contre ſon pays : ne pas montrer au peuple ami de celui qui l'envoie, l'intention, le vœu de ſon allié, ne lui pas faire connaître ſa propre conduite, ſerait ſans doute un tort capital, quand il en a les moyens. Il ne révèle pas les ſecrets du gouvernement américain, il met ſa conduite au jour ; il expoſe les ſentimens de ſa nation, & en prenant ce parti pour l'honneur de ſon pays & la conſervation de ſon propre caractère, il y voit encore un moyen d'obtenir du gouvernement une réponſe, que depuis tant de tems il ne peut ſe procurer.

Il eſt ſans doute incontestable, que les Miniſtres étrangers ſont envoyés en Amérique, comme dans tout autre État, pour traiter avec le gouvernement, que c'eſt à lui qu'ils doivent s'adreſſer; mais quand le gouvernement ſe refuſe à traiter avec les Miniſtres étrangers, & qu'il eſt toutefois urgent à l'intérêt de l'État dont ils ſont les envoyés, d'obtenir une réponſe, quelle autre voie leur reſte-t-il que l'appel à l'opinion publique, pour leur propre conduite ?

Dans la réponſe à cette note, ainſi que dans ſa dépêche à M. Pinkney, le Miniſtre Pickering donne pour motif de ſon ſilence, les inſinuations injurieuſes pour le gouvernement des États-Unis, contenues dans l'une des lettres du Miniſtre Français. Si le Miniſtre Pickering n'eût pas dans ſa dernière réponſe du 1er. Novembre dernier, à M. Adet, morcelé cette lettre, pour donner plus de malignité aux parties de phraſes qu'il en citait, & qu'il l'eût préſentée dans ſon entier, ainſi qu'on peut la lire aujourd'hui dans les documens, perſonne n'y aurait vu, je penſe, d'inſinuations injurieuſes pour les États-Unis, ni d'expreſſions diſconvenables. S'il en exiſtait, je ne chercherais pas à les défendre; car je ſuis du nombre de ceux qui penſent que les affaires publiques comme particulières, doivent ſe traiter avec calme, raiſonnement, civilité; que la dureté des expreſſions n'ajoute

F 2

rien à la force des raisons. Cependant quand il serait vrai ( ce que je ne puis trouver ), que le Ministre Français se fût exprimé dans des termes qu'il eût été préférable de ne pas employer, l'impropriété de ces expressions eût-elle été une excuse pour le Ministre Américain, de ne pas répondre aux questions d'affaires, contenues dans cette lettre ? Le refus de réponse est, entre particuliers, une des plus grandes offenses, elle est plus grave encore de Ministère à Ministère : car il en résulte un délai & souvent un changement de nature dans les affaires & dans les dispositions des peuples intéressés. Le Ministre Pickering dit qu'il avait fait le brouillon d'une réponse dure, & qu'il a, par réflexion, jugé plus à propos de ne la pas envoyer. Mais n'y avait-il donc dans cette circonstance d'autre parti qu'une réponse dure ou un silence complet ?

Ou le Ministre Américain désirait que le peuple des États-Unis restât ami de la France, ou il voulait brouiller les deux Nations. Dans le premier cas, la plus simple explication eût probablement fait retirer de la dépêche les expressions qui y déplaisaient, ou eût au moins amené une discussion amicale. Quand on ne veut pas se brouiller on s'explique, même sans être amis. Si le Ministre Pickering poussait son ressentiment plus loin, il pouvait se plaindre au gouvernement français du style de son Envoyé. Mais s'il a voulu brouiller les deux Nations, il n'a pu mieux faire, quoiqu'il y ait cependant encore à espérer qu'il ne réussira pas. Après ce motif de silence donné par le Ministre Pickering dans la réponse à M. Adet & dans la dépêche à M. Pinkney, il est évident que cette réponse n'est due qu'à la publicité de la note du Ministre français qui, ainsi par cet aveu seul, est justifiée.

Puisque j'ai parlé de cette réponse du Ministre Pickering au Ministre français, j'en dirai encore un mot : & ce sera sur l'article où le Secrétaire d'État s'enveloppe dans le mistère, quant à la question faite par le Ministre de France, relativement aux mesures prises par le gouvernement des États-Unis pour empêcher la presse, par les Anglais, des matelots américains; mistère fondé sur ce que cette détermination ne regarde pas l'intérêt de la France; & je dirai que cette réponse seule décèle une malveillance positive; car on ne peut supposer qu'un Secrétaire d'État ne soit pas capable de distinguer les affaires de son propre gouvernement, d'avec celles où les intérêts des autres Nations sont impliquées. Le dernier commis de son bureau sait que les matelots américains pressés par l'Angleterre, augmentent la force maritime de cette puissance au-delà de ses ressources naturelles, par conséquent ses forces contre la France avec qui elle est en guerre; qu'il est par conséquent de l'intérêt & du droit de la France, de connaître quels moyens sont pris pour arrêter cette augmentation de ressources de son ennemi. La France ne fût-elle pas l'alliée des États-Unis, aurait encore ce droit, tant qu'ils professent la neutralité, & leurs rapports antécédens d'amitié

& d'alliance ne peuvent que donner plus de force encore à ce droit.

J'aurais pu ſuivre avec plus de détail les différens articles de la dépêche du Miniſtre Pickering à M. Pinckney, & je pourrais encore donner plus d'étendue à l'examen de ceux que j'ai relatés. Mais la diſcuſſion ne laiſſe, ſi je ne m'abuſe, aucun doute ſur l'exiſtence des torts que reçoit la France de la nature du nouveau traité fait entre l'Angleterre & les États-Unis, par conſéquent des griefs qu'elle a contre ſon alliée, & par conſéquent auſſi de la légitimité de ſa conduite avec elle.

La malveillance du gouvernement Américain envers la France, a malheureuſement la même évidence. Si ſon intention n'eût pas eu ce caractère, & que l'empire des circonſtances, la faibleſſe connue de ſes moyens pour entrer en guerre avec l'Angleterre, le déſir louable de maintenir les États-Unis dans une paix néceſſaire à leur proſpérité, l'euſſent ſeuls déterminé à conſommer ce traité avec l'Angleterre, & dans un tems où elle était en guerre avec la France, le gouvernement Américain n'eût-il pas propoſé à la France un traité ſur les mêmes termes que celui qu'il venait de conclure avec ſon ennemi? Ce traité n'eût pas rendu à ſon alliée les mêmes avantages dont elle jouiſſait précédemment, mais l'offre lui aurait au moins témoigné qu'il ne voulait pas la placer dans une ſituation plus déſavantageuſe que celle de ſon ennemi. Alors le gouvernement Américain aurait pu dire, avec plus de vraisemblance, que les États-Unis faisaient, dans une circonstance importante pour leur tranquillité, usage du droit qu'ils s'étaient réservés de traiter toutes les Nations avec une égale faveur. Mais la haine de l'Angleterre pour la France n'eût pas été satisfaite, & il fallait la satisfaire : son vœu de la séparer des États-Unis n'eût pas été servi, & il fallait le servir. Il fallait mettre la France dans le cas de se croire offensée, comme il faut, quand elle se montre telle, chercher par-tout les moyens à lui ôter l'affection du peuple américain.

A quelle autre intention peut-on attribuer la conduite hautaine, grossière du Ministre Pickering avec le Ministre de France : conduite qu'un *Nabab* de l'Inde voudrait pouvoir ne pas endurer de l'Angleterre ? A quoi peut-on attribuer les indécences, les ironies (lourdes & gauches, sans doute, mais injurieuses) sur la France qui règnent dans la dépêche à M. Pinckney ? Est-il possible de croire qu'une telle dépêche que l'on rend publique, couvre le désir du rapprochement, & ne semble-t-elle pas plutôt faite avec le projet de fermer la voie à toute négociation ? Enfin, eût-elle été écrite sous la dictée du conseil Britannique, (elle l'eut été mieux sans doute) mais eût-elle pu mieux servir ses vues ?

Puissent ces apparences, quelque palpables qu'elles soient, n'avoir aucune réalité ! Celui qui, sans prévention, considère de quel danger il serait pour les États-Unis de se livrer à l'Angleterre, ne peut croire que ce projet, si des vues personnelles l'ont placé dans quelques têtes, soit partagé par un grand nombre d'Américains. Cependant il est impossible de douter qu'il ne marche vers son exécution. En politique comme dans le cours ordinaire des actions privées, les premières démarches inconsidérées, mauvaises, entraînent fort au-delà des intentions qui les avaient déterminées; l'amour-propre, l'orgueil qui ne veut pas reconnaître une première erreur, porte à la défendre avec aigreur. L'irritation arrive des deux parts, les fautes s'accumulent & l'affreux précipice où va se plonger une Nation, n'est apperçu d'elle que quand l'impulsion qui l'y jette ne peut plus être arrêtée.

La France ne peut avoir aucun désir de rupture avec les États-Unis. Elle est leur plus ancienne alliée, & quoiqu'en dise le Ministre Pickering, elle les a *gallamment* servie dans la cause de leur indépendance. La France est République & veut continuer de l'être; elle voit dans la constitution Américaine la plus libre de toutes les constitutions; & dans le peuple américain, le peuple le plus attaché à la liberté. Peu de liens peuvent être plus forts. Ceux qui prêtent à la France l'esprit de domination & qui répètent ainsi les vieux *dictons* que l'Angleterre fait débiter pour donner le change sur sa propre ambition, peuvent supposer à cette puissance le désir de dominer sur les puissances Européennes dont elle est entourée. Mais quel intérêt peut avoir la France de dominer les États-Unis? Leur force ne peut de long-tems lui être utile; il ne peut exister

entre

entre les deux Nations aucune rivalité, & les intérêts réels de la France, qu'aucune passion d'ancienne vengeance contre les États-Unis ne peut aveugler, doivent lui faire désirer leur prospérité, leur accroissement, leur indépendance, & sont, à cet égard, ce que sont ceux du peuple américain lui-même.

Mais quelque disposition, quelque motif qu'ait la France pour rester unie à l'Amérique, peut-elle voir patiemment que les mêmes sentimens, les mêmes dispositions ne sont pas partagés par le gouvernement des États-Unis ? Serait-elle une alliée désirable si elle pouvait tolérer l'abandon de ses intérêts à l'intérêt & à la haine de son ennemi ?

C'est à l'esprit sage, au jugement sûr & sain du peuple américain que je soumets ces observations. Il eût été facile de les présenter avec plus d'amertume, & j'ose dire que le sujet y fournissait ; mais mon but n'est que de présenter des vérités. Je voudrais adoucir l'aigreur des dispositions plutôt que de l'exciter. Puissent ces vérités être soigneusement pesées ! Sans doute les États-Unis doivent maintenir précieusement leur indépendance, & ne s'en pas plus désaisir pour la France que pour l'Angleterre. Sans doute ils doivent écarter d'eux les germes de l'esprit anarchique & désorganisateur qui a long-tems ravagé la France. Mais leur gouvernement doit-il les voir, les montrer où ils ne sont pas ? Et doit-il, sous le pretexte de les écarter, sacrifier les intérêts de la nation avec qui ils ont contracté les plus anciens engagemens ? Doit-il charger ses démarches d'intentions perfides, quand elles n'ont été qu'amicales & qu'elles ne sont que justes ? Veut-il enfin briser l'union avec la France pour être plus absolument dans la dépendance Britannique ? Je suis encore éloigné de le croire; mais enfin si tel était son aveuglement, qu'il y vît son avantage (& l'Amérique à sans doute le droit de changer ses alliances) : la déclaration prononcée de cette résolution aurait au moins plus de bonne foi & de dignité que les efforts répétés faits pour rejetter sur la France tous les torts, tout l'odieux de cette rupture, & pour lui prêter des intentions hostiles & perfides contre les États-Unis, avec qui elle ne peut que désirer de perpétuer & de resserrer ses liens.

www.ingramcontent.com/pod-product-compliance
Ingram Content Group UK Ltd.
Pitfield, Milton Keynes, MK11 3LW, UK
UKHW031956260826
14628UKWH00005B/2084

9 782013 655514